Buddhismus für Einsteiger

Wie Sie die Lehren Buddhas leicht verstehen und in Ihren Alltag integrieren für ein Leben voller Zufriedenheit und Glück - inkl. Achtsamkeitstraining & Entspannungsübungen

Björn Wendland

Alle Ratschläge in diesem Buch wurden sorgfältig erwogen und geprüft. Eine Garantie kann dennoch nicht übernommen werden. Eine Haftung des Autors beziehungsweise des Verlags für jegliche Personen-, Sach- und Vermögensschäden ist daher ausgeschlossen.

INHALT

Vorwort

D as erwartet Sie in diesem Buch:
In der heutigen Zeit ist es für viele
Menschen nicht einfach, durch den
Alltag zu kommen. Es wird uns viel abverlangt,
wir sind immer unter Druck und gestresst, eilen
von einem zum anderen und am Abend sind wir
ausgelaugt und vielleicht sogar unzufrieden. Vielleicht geht es sogar um die Beziehung oder die
Ehe, in der der Zauber des Besonderen einfach
verflogen ist.

Sie haben sich wegen solcher Probleme ent-
schieden, in den Buddhismus einzusteigen, um mit
der   kraftvollen   Lebensphilosophie   mehr

Entspannung, Lebensfreude und Zufriedenheit zu erreichen. In diesem Buch werde ich Ihnen ein paar Eckpfeiler zur Entstehung und zum Glauben des Buddhismus aufzeigen und Ihnen natürlich die Grundlagen der Lehre dazu erläutern. Sie werden anhand dieses Buches den Buddhismus erlernen können und wissen, wie man die Lehre ganz einfach in den Alltag integriert.

Dazu lehre ich Sie Schritt für Schritt einfache Übungen für Einsteiger, wie zum Beispiel die 5 Übungen der Achtsamkeit oder die 6 bekanntesten Entspannungsübungen und Meditationen, damit Sie wieder zufrieden, ohne Druck und mit kraftvoller Energie dem Alltag entgegentreten können. Zusätzlich bekommen Sie noch eine Einführung in die Ernährung der Buddhisten und deren Essgewohnheiten.

Es braucht etwas Zeit, um sich in den Buddhismus einzufinden, doch Sie werden sehen, es lohnt sich. Sie werden ein anderer Mensch sein und auch Ihr Umfeld wird sehen, dass Sie sich verändern. Sie werden wieder voller Lebensfreude, Lust und Zufriedenheit den Alltag meistern.

Viel Spaß beim Lesen und Umsetzen!

Was ist Buddhismus?

Buddhismus ist keine Philosophie und keine Psychologie, Buddhismus ist eine der fünf Weltreligionen und in Asien weitverbreitet. Diese Religion unterscheidet sich aber sehr von Glaubensreligionen, wie dem Islam, dem Judentum oder dem Christentum. Es gibt kein Paradies und keinen Gott, denn im Buddhismus kann jeder, der den Weisheiten folgt, sich selbst erlösen. Buddhismus ist eher eine Erfahrens-Religion, so wie es der Hinduismus oder der Taoismus ist. Die meisten Buddhisten finden Sie in Thailand, Myanmar, in der Mongolei oder in Kambodscha.

Es gibt sehr wenige Vorschriften von außen, denn Buddhas Belehrungen und Grundlagen sollen durch eigene Erfahrungen und eigene Umstände ganz absichtlich hinterfragt werden.

Sie müssen sich klarmachen, dass in jedem Menschen die Anlage besteht, die Erleuchtung zu erlangen – auch in Ihnen. Den Weg zur Erleuchtung werden Sie mit Selbstständigkeit und auch mit Eigenverantwortung meistern.

Die äußeren und inneren Umstände sind bei jedem Menschen ganz unterschiedlich, aber der Buddhismus steuert darauf hin, diese karmischen Ursachen des Leidens bei jedem zu beenden. Die Ausführung der buddhistischen Lehre verändert die Menschen, und zwar dauerhaft und nachhaltig. Sie werden mit der Welt und vor allem mit sich selbst wieder ins Reine kommen.

Die Handlungen, Reden und auch die Gedanken des Buddhismus wirken in Ihre Zukunft, das ist das sogenannte Karma-Prinzip. Buddhismus bietet Ihnen dabei umfangreiche Hilfestellungen, damit Sie Ihre täglichen Sorgen, Nöte und Ängste für Ihre geistige Entwicklung nutzen können.

Buddha bedeutet so viel wie: Mensch, der erleuchtet ist. Um diese Buddha-Natur erreichen zu können, müssen Sie die Entwicklung des eigenen Geistes vorantreiben. Sie müssen das Leben so erkennen, wie es ist.

Es gibt eine schöne und wahre Bekundung, die im Buddhismus vertreten wird: Es entsteht immer mehr Verlangen in dem, der verlangt. Dauerndes Verlangen beschert aber Kummer und Sorgen. Es gibt viele heilige Bücher im Buddhismus, das älteste heißt Tripitaka der „Dreikorb".

Was glauben Buddhisten?

Die meisten Anhänger des Buddhismus leben vor allem in China, Bhutan, Japan, Laos, der Mongolei, Kambodscha, Sri Lanka, Thailand, Tibet, Südkorea und Vietnam. Die Buddhisten glauben nicht an einen Gott und auch Buddha sah sich nicht als Gott. Im Buddhismus gibt es auch nicht den Glauben daran, dass ein Gott die Welt erschaffen hat, sondern dass das Universum schon immer Bestand hatte und die Dinge darin sich immer wiederkehrend neu zusammensetzen. Es geht nichts verloren, somit auch nicht unser Geist. Die Buddhisten vertrauen auf Karma und Reinkarnation, das heißt Wiedergeburt, und vor allem auf Kraft und Meditation.

Sie sind überzeugt, dass unser Geist bei unserem Tod den Körper verlässt und sofort, später oder sehr weit entfernt in den Körper eines neugeborenen Wesens zieht. Das Wichtigste für einen Buddhisten ist es, dem achtfachen Pfad zu folgen, von dem Sie später noch lesen werden. Sehr bedeutsam sind die Grundsätze der gesamten Lebensweise des Buddhismus. Ihr Ziel ist Güte, Milde, liebevolle Freundlichkeit und barmherzige Empfindung für alle Wesen.

Es gibt fünf grundlegende moralische Regeln, die ohne Einschränkung befolgt werden sollen:
• Die erste Regel ist der Gewaltverzicht gegenüber Lebewesen. Das heißt, töte oder verletze kein Lebewesen auf der Welt.
• Die zweite Regel besagt: Verzichte auf das, was nicht gegeben wird. Also nimm nichts, was Dir nicht gehört.

● Die dritte Regel lautet: Sei enthaltsam mit Worten, Taten und in Gedanken. Lebe alle deine Beziehungen in einem gegenseitigen Respekt.

● Die vierte Regel verbietet es Dir, zu lügen und auch schlechtzureden, sondern gebiete, immer mild, nett und freundlich zu sein.

● Und als fünfte Regel sollst Du keine Rauschmittel zu Dir nehmen, Dein Bewusstsein soll immer bei klarem Verstand sein.

Halten Sie sich an diese fünf Regeln und Sie haben den ersten Schritt schon gemacht. Gehen Sie es vielleicht langsam an und verwirklichen Sie immer nur eine Regel. Lieber etwas langsamer und es klappt, als alles auf einmal und Sie können es nicht verwirklichen.

Die Entstehung und Entwicklung des Buddhismus

D er Name des ersten Buddhisten war Siddhartha Gautama. Man nennt ihn eigentlich den „Historischen Buddha", da er der erste war und man ihn so von seinen Nachfolgern unterscheiden kann. Seine Eltern waren sehr reich und Siddhartha lebte in einem Palast in sehr großem Luxus. Er wurde 563 v. Chr. geboren und war ein kleiner indischer Prinz. Der Sohn der Shakyas war ein sehr ungewöhnliches Kind.

Als er seine ersten Schritte machte, sprossen die Blumen unter ihm aus der Erde. Der Vater ließ 3 Weisen kommen, um die Zukunft des Sohnes vorauszusagen, denn er sollte Thronfolger und Krieger werden. Die 3 Weisen erklärten dem Vater, dass Siddhartha nur Thronfolger wird, wenn er kein Leid erfahren würde, denn wenn doch, wird er alle verlassen und fortgehen. Die Eltern hielten ihn von allem Schlechtem fern, wohlbehütet und absolut sorglos. Mit 16 Jahren heiratete Siddhartha eine Prinzessin mit dem Namen Yasodhara. Mit 30 Jahren verließ Siddhartha dennoch den Palast und bemerkte, dass es außerhalb seines behüteten Lebens ganz anders zuging. Er erfuhr an nur 3 Tagen die 3 Zeichen der Vergänglichkeit. Am ersten Tag sah er einen leidenden Kranken, am zweiten Tag einen gebrechlichen Alten und am dritten Tag natürlich den Tod.

Durch diese Erfahrung begriff er das Grundproblem. Es ist nichts dauerhaft. Nicht der Ruhm, nicht die Güter und auch nicht die Freunde. Siddhartha wollte natürlich wissen, woher dieses Leid kam. Alles ist entweder von anderen abhängig oder es ist veränderlich und vergänglich. Und alles ist leidvoll. Eine Begegnung mit einem Bettelmönch bekehrte ihn in seinem Glauben und seinem Wissen. Dieser Mönch hatte weder Geld noch ein Zuhause und war trotzdem glücklich und zufrieden. Er wollte auch nichts besitzen und beneidete deswegen niemanden um etwas. Von diesem Mönch war Siddhartha sehr beeindruckt.

Er wusste, der Schlüssel zu seinem ewigen Glück liegt in der Erkenntnis der wahren Natur des Geistes. Er verließ seine Familie und zog in einem Gewand eines Asketen arm und heimatlos umher. Er versuchte, Erlösung zu finden. Ganze 6 Jahre lang traf er entlang seines Weges berühmte religiöse Lehrer, studierte alles und folgte jenen Methoden, doch leider ohne Erfolg. Letztendlich eignete er sich die Meditation an. Nach 6 Tagen und 6 Nächten ununterbrochener tiefer Meditation unter einem Baum erlangte er die ersehnte Erleuchtung. Sein Kopf wurde auf einmal vollkommen frei von seinen Gedanken und Gefühlen.

Siddhartha verbrachte noch 7 Wochen an diesem Ort, der auch heute eine bedeutende Pilgerstätte ist. Er liegt nahe dem Ort Bodhgaya im Bundesstaat Bihar. Siddhartha war 35 Jahre alt, als er seine Erleuchtung fand. Er erkannte nun die vier Grundsätze, die heute die vier edlen Wahrheiten genannt werden, und formulierte daraus seine buddhistische Lehre. Von nun an verbreitete er diese Lehre, gewann Schüler und gründete dann auch die buddhistische Gemeinde. Somit wanderte der „Buddha" lehrend durch Nordindien, bis er im Alter von 80 Jahren starb.

Der Buddhismus verbreitete sich zuerst von Nordindien auf dem indischen Subkontinent. Sechs buddhistische Konzile halfen bei der Entwicklung verschiedener Traditionen. Weitere Traditionen erreichte der nördliche Buddhismus durch Zentral- und Ostasien und aus Nordindien kam er direkt in die Himalaja-Region. Durch Religionen und Philosophien der anderen Länder wurde der Buddhismus mit Traditionen kombiniert und fand dort seine Verbreitung. Dieser unterschied sich aber von der ursprünglichen.

Lehre von Siddhartha

Dalai Lama

Der Dalai Lama ist kein Name, sondern ein Titel. Im tibetischen Buddhismus ist es der Titel des höchsten Trülku der Hierarchie und bedeutet so viel wie ‚Seine Heiligkeit‘. Trülku ist ein buddhistischer Meister. 1578 wurde dieser Titel zum ersten Mal vom mongolischen Fürsten Altan Khan an den spirituellen Lehrer Sönam Gyatsho verliehen. Man spricht einen Dalai Lama mit „Eure Heiligkeit" an und im Bodhisattva nennt man ihn ‚das erleuchtete Wesen‘.

Erleuchtete können den Kreislauf der Wiedergeburt abbrechen, reinkarnieren aber bewusst aus Mitgefühl. Sie nehmen es freiwillig auf sich, um anderen Wesen das Leid zu ersparen. Die Gläubiger nehmen an, dass die Wiedergeburt nach dem Tod gefunden werden kann. Es werden Findungskommissionen von der Ordensführung gegründet, in der sich nur hochrangige Mönche befinden. Wird das neugeborene Kind aufgefunden, wird es offiziell zur Reinkarnation des letzten Dalai Lama erklärt.

Es bekommt eine klösterliche Ausbildung und eine Ausbildung in tibetischem Buddhismus. Auch wird das Kind in tibetischer Kultur, Schrift, Kalligrafie, Sprache und Allgemeinwissen belehrt.

Der gegenwärtige Dalai Lama ist der 14. Seinesgleichen heißt Tenzin Gyatso und ist mittlerweile 86 Jahre alt. Tenzin wurde am 6.7.1935 in Taktser geboren. Er war der zweite Sohn einer Bauernfamilie und hatte 15 Geschwister, von denen nur 7 die Kindheit überlebt haben. Mit 2 Jahren wurde Tenzin durch Visionen und viele Zeichen von zwei Mönchen als Wiedergeburt gefunden. Der kleine Junge musste freigekauft werden und diese Verhandlungen kosteten eine Zeit von 2 Jahren und eine hohe Bestechungssumme. In einer Zeremonie hat man ihn mit 4 Jahren inthronisiert.

Elf Jahre später, also mit 15 Jahren, besaß er schon die weltliche Herrschaft über Tibet. Wegen der damaligen Bedrohungen der Volksrepublik China musste er sich in Sicherheit bringen und fliehen. Um das Land vor der Zerstörung zu schützen, gab es ein 17-Punkte-Abkommen zur friedlichen Befreiung von Tibet.

Tenzin erarbeitete sich im Jahr 1959 noch die Doktorwürde der buddhistischen Theologie (Geshe). Er hatte viele politische Aufgaben zu bewältigen und 2011 ließ er sich davon entbinden. Heute ist der Dalai Lama 86 Jahre alt und immer noch fit – geistig sowie körperlich.

Die Grundlagen der Lehre des Buddhismus

Buddhas Lehre ist eine Erfahrungsreligion. Ihr Ziel ist es, die Natur des Buddhas durch die Entwicklung Ihres eigenen Geistes zu erlangen. Vergessen Sie nicht: In jedem Menschen schlummert die Fähigkeit zur Erleuchtung, auch in Ihnen. Die meisten buddhistischen Lehren gründen sich auf ausführliche philosophisch-logische Überlegungen, die in Verbindung mit lebenspraktischen Leitlinien stehen. Hier stelle ich Ihnen die wichtigsten Grundlagen der Lehre des Buddhismus vor.

DIE VIER EDLEN WAHRHEITEN

Die vier edlen Wahrheiten werden auch die vier Wahrheiten des geistig Edlen genannt. Sie sind die Grundlage der buddhistischen Lehre und der Mittelpunkt der ersten Lehr-Rede von Siddhartha. Sie kommen auch in sehr vielen buddhistischen kanonischen Schriften vor. Die erste edle Wahrheit ist Leiden. Die zweite edle Wahrheit ist die Ursache des Leidens. Die dritte edle Wahrheit ist die Beendigung des Leidens. Die vierte edle Wahrheit ist der Weg der Ausübung, der zum Ende des Leidens führt.

Ich erkläre Ihnen gern, was diese edlen Wahrheiten bedeuten: Das Leben ist nicht immer ein Sonnenschein. Das Dasein ist leidvoll. Es gibt viele unangenehme Ereignisse, wie eine Geburt, eine Krankheit, das Alter oder den Tod. Diese Ereignisse sind alle von Sorgen, Ängsten und Kummer begleitet. Auch ungewollte Situationen können leidvoll sein. Wenn Sie nicht bekommen, was Sie wollen, Ihre Liebe nicht erwidert wird, aber auch große Enttäuschungen oder auch gegenseitige Abhängigkeit zählen zu den leidvollen Dingen im Leben.

Deswegen ist die zweite edle Wahrheit die Ursache für diese Leiden. Die Ursache ist ganz einfach gesagt der Durst. Der Durst nach Sucht, Gier, Vergnügen, Reichtum und Macht. Der Durst nach den Lüsten unserer sechs Sinne, nach Dasein und Werden. Noch tiefer sitzt die Ursache von Leid in der Unwissenheit und der Unfähigkeit, unsere wahre Natur zu entdecken.

Die dritte edle Wahrheit besagt, durch das Erlöschen ebendieser Ursachen hören die Leiden auf. Sie müssen diesen Durst, dieses Verlangen völlig beenden, aufgeben, abtreten und loslassen. Somit wird das Ziel dargestellt. Durch die Befreiung erlangen Sie die Erleuchtung. Es ist ein langer Wachstums- und Erkenntnisprozess.

Bei der vierten edlen Wahrheit wird Ihnen der Weg gezeigt, der zum Ende des Leidens führt. Dieser Weg ist der achte Pfad mit seinen acht Gliedern: rechte Erkenntnis, rechte Gesinnung, rechtes Reden, rechtes Handeln, rechter Lebenserwerb, rechtes Streben, rechte Achtsamkeit und rechtes Sich-Versenken. Dieser Pfad ist die Praxis. Es reicht Ihnen nicht, nur darüber zu reden oder zu philosophieren. Nur die praktische Anwendung und Umsetzung führt Sie zur Linderung des Leidens und trägt somit Früchte.

DER ACHTFACHE PFAD

Dies ist der wesentliche gemeinsame Lehrinhalt des Buddhismus und das zentrale Element der buddhistischen Lehre. Der achte Pfad ist die Anleitung, um an die Erlösung zu kommen. Christen erhielten die 10 Gebote, die Juden sogar 613 und die Buddhisten den achtfachen Pfad. Wenn ein Buddhist erlöst werden will, sollte er diesen Pfad beachten und verinnerlichen.

Die 22. Lehrrede Buddhas war die wichtigste Überlieferung für den achten Pfad. Er besteht aus acht Gliedern, die in drei Gruppen geteilt sind. Alle Glieder sind gleichbedeutend wichtig und sollen von jedem Buddhisten beachtet und geübt werden. Das Ziel des buddhistischen Ablaufs ist die vollkommene Weisheit, die von der Unwissenheit zum Erwachen führt. Nun zu den einzelnen Gliedern und Gruppen.

Die erste Gruppe nennt sich Weisheit, sie gliedert sich in rechte Anschauung, Erkenntnis und in rechte Gesinnung, Absicht. Dies bedeutet, Sie erkennen das Leiden, wie das Leiden entstanden ist und wie man das Leiden auslöscht. Sie haben den Entschluss gefasst, zu entsagen und sich zu enthalten. Nur, wenn Ihr Wille stark genug ist, können Sie den Weg gehen und Hindernisse aus dem Weg räumen. Bleiben Sie auch auf diesem Weg, auch wenn es schwierig wird. In einer Religion ist kein Weg zu geistiger Klarheit oder Erleuchtung einfach.

Sittlichkeit bezeichnet die zweite Gruppe. Deren Glieder sind rechtes Reden, rechtes Handeln und rechter Lebenserwerb. Diese Gruppe sagt aus, Sie sollen Verleugnung, Beleidigung, Lügen und Geschwätz meiden. Nicht nur Ihre Worte sollen höflich, liebevoll und wahr sein, sondern auch Ihre Gedanken. Wir leben in einer Welt voller Krach und lauter Gespräche, wobei viele unnötig sind. Es wird immerzu gesprochen, wobei der Inhalt vielleicht gar nichts aussagt. Oder noch schlimmer: Der Inhalt verletzt oder enthält Lügen. Überlegen Sie einfach genau, was Sie wann, wo und zu wem sagen. Es kann dadurch Leid bei anderen oder auch bei uns selbst entstehen. Sie entsagen dem Stehlen, dem Töten und der sinnlichen Ausschweifung. Zudem verrichten Sie keinen Handel mit Waffen, Fleisch, Lebewesen, Giften und Rauschmitteln und betreiben keine Tierzucht. Durch unrechte Taten bekommen Sie ein schlechtes Gewissen und finden keine Ruhe mehr.

Wenn Sie einen Beruf ausüben, dann nur solche, die anderen Wesen keinesfalls schaden. Sie sollen auch immer im Hinterkopf haben, dass das Geld, das Sie verdienen, da ist, um es zu teilen. Sie müssen nicht sofort Ihren Job kündigen, unternehmen Sie einfach die richtigen Schritte, um das Leid anderer zu vermeiden.

Die dritte Gruppe ist die Gruppe der Vertiefung, gleichermaßen Geistestraining. Sie verschafft den Zugang zu den spirituellen Dimensionen und wird in rechtes Streben und Üben, rechte Achtsamkeit und rechtes Sich-Versenken gegliedert. Hierbei geht es darum, den Willen, die Begierde, den Hass und den Zorn abzulehnen und diese Ablehnung zu zügeln und auch zu kontrollieren. Prüfen Sie Ihre Gedanken und tauschen Sie sie gegen heilsame Gedanken aus. Die Achtsamkeit betrifft Ihren Körper. Ihnen müssen die

Funktionen Ihres Körpers bewusst werden, so wie das Atmen, das Gehen und Stehen.

Achten Sie darauf, dass Sie im Hier und Jetzt sind, schwelgen Sie nicht in der Vergangenheit und träumen Sie nicht in die Zukunft. Sind Sie ganz bei einer Sache und bei einem Gespräch mit einer Person ganz in diesem Augenblick. Das rechte Sich-versenken bedeutet, Sie werden lernen, eine Fertigkeit zu entwickeln, um den abschweifenden Geist zu kontrollieren. Wie bei einer Meditation müssen Sie sich auf ein Phänomen konzentrieren (z. B. auf die Atmung), damit sich Ihr Geist von Ihren Gedanken befreien und zur Ruhe kommen kann.

Es ist egal, wie schnell Sie auf Ihrem Weg vorankommen. Das Ergebnis zählt nicht, sondern der Weg, den Sie gehen, denn eigentlich ist die Erfahrung dieses Weges das eigentliche Ziel.

Denken Sie darüber nach!

DIE FÜNF SILAS (DIE ETHISCHEN GRUNDSÄTZE)

Die fünf Silas sind die grundlegende Richtlinie der buddhistischen Ethik, beziehungsweise die fünf

Tugendregeln des Buddhismus. Sie zeigen den Ausdruck für ein weises und mitfühlendes Wesen und ermöglichen somit ein harmonisches und respektvolles Zusammenleben. Für den einzelnen Menschen bewirken sie Unbeschwertheit und auch Reuelosigkeit. Die Silas werden oft verglichen mit den Glaubensgeboten im Christentum, diese stellen aber in keiner Weise eine Gleichheit dar. Das christliche Regelwerk ist eine Gesetzesvorlage aus Verboten und Geboten, wie z. B. Du sollst nicht töten. Die Silas sind kein zu befolgendes Muss, sie sind mehr eine Orientierungshilfe für die täglichen Übungen in sittlichem Verhalten.

Sila heißt übersetzt: Sittlichkeit. Die ersten fünf listen auf, wovon sich ein Buddhist zu enthalten hat. Diese Enthaltsamkeit wird sehr oft auch negativ gesehen oder als Freudlosigkeit. In dieser Beziehung ist die Enthaltsamkeit aber eine ganz bewusste Zurückhaltung, also ein Ausdruck des Positiven. Umso mehr Enthaltsamkeit Sie ausüben, desto stärker werden Ihr Wille und Ihr Geist. Sie entwickeln automatisch positive Gefühle und verstärken sie. Wenn Sie den Buddha-Weg gehen möchten, dann sind die ersten fünf Silas für Sie bindend.

Nun zu den fünf Silas:

1. Sie sollen keinem Wesen Leid zufügen, es nicht quälen und nicht töten.

2. Sie sollen sich nichts nehmen, was Ihnen nicht gegeben wird. Auch nicht stehlen oder betrügen.

3. Sie sollen keinem Wesen durch ein Fehlverhalten oder sexuelles Verhalten Leid antun.

4. Sie sollen kein Wesen durch Ihre Rede verletzen, nicht verleumden, beleidigen, lügen oder schwätzen.

5. Sie sollen keinen Alkohol trinken, keine Drogen zu sich nehmen und auch nicht Ihr Gehirn mit Rauschgift verschleiern.

Es gibt nun 3 weitere Silas. Die ernsthaft praktizierenden Buddhisten wenden sie besonders an den buddhistischen Feiertagen an. Diese sagen aus, dass Sie zur verbotenen Zeit nicht essen sollen. Die verbotene Zeit ist nach Mittag zwischen Sonnenhöchststand und dem Sonnenaufgang. Sie sollen nicht tanzen, Musik hören, singen, Kosmetik oder Duftstoffe auftragen oder Schmuck anlegen. Sie sollen sich nicht auf ein hohes und üppiges Bett legen.

Bei buddhistischen Mönchen oder in Meditations-klausuren gibt es noch eine Steigerung um zwei Silas. Die Mönche sollen kein Geld, Gold oder Silber annehmen. Sie leben in Keuschheit und üben keine sexuellen Handlungen aus. Für Sie als Einsteiger reichen die ersten fünf Silas, ich will Ihnen nur aufzeigen, wie ernsthaft die buddhistischen Mönche den Buddhismus ausleben.

DIE DREI DASEINSMERKMALE

Die drei Daseinsmerkmale sind die drei Kennzeichen der Existenz und werden auch Dharma-Siegel genannt. Die Merkmale sind ein wesentlicher Bestandteil der buddhistischen Lehre und sie schließen alle psychischen und physischen Phänomene Ihres Daseins ein. Das heißt, alle Phänomene, einschließlich Ihrer Gedanken, Erfahrungen und Emotionen, sind durch die drei Daseinsmerkmale gekennzeichnet.

Das erste Daseinsmerkmal ist die Vergänglichkeit. Der Buddha lehrte, dass sich alles verändert. Vielleicht denken Sie sich jetzt, das ist doch offensichtlich. Aber überlegen Sie mal, wie Sie oft an Menschen, Dingen oder Umständen hängen, als würden sie für immer existieren. Sie verlieren Dinge und Sie glauben, Sie könnten ohne sie nicht leben, oder eine schlechte Nachricht zerstört Ihr Leben. Es ist nichts von Dauer, gar nichts, auch nicht unser Leben.

Leiden ist das zweite Daseinsmerkmal. Leiden oder Unzufriedenheit werden oft missverstanden in der Ausführung des Buddhismus. Buddha sagte: Das Leben ist leidvoll, aber er meinte nicht, dass das Leben nur leidvoll, enttäuschend oder unglücklich ist. Auch, wenn viele Dinge befriedigend sind, ist die Zufriedenheit nicht dauerhaft, da diese Sachen vergänglich sind. Und das kann letztendlich nicht zufriedenstellend sein.

Im dritten Daseinsmerkmal geht es um das Nicht-Selbst. Das Nicht-Selbst ist vielleicht nicht einfach zu begreifen. Buddha lehrte, es gibt kein existierendes Selbst, das dauerhaft und unveränderlich ist. Das heißt, wir besitzen über keine feste Identität. Es ist eine Illusion, dass unser ICH ein einmaliges und eigenständiges Lebewesen ist. Unser ICH ist eher ein Werk aus mentalen, sensorischen und physischen Prozessen, die sich ständig ändern und voneinander abhängig sind.

Dieses ICH lässt sich nirgendwo festmachen, nicht wissenschaftlich und auch nicht durch die Erkenntnis in der Meditation. Wir sind also ich-los. Diese Illusion von einem dauerhaft existierenden Selbst kettet uns an die Unzufriedenheit und an das Leiden. Wir versuchen, dieses Selbst zu schützen und zu befriedigen, und halten uns an Dingen fest, um dieses zu verbessern. Das glauben wir zumindest und es kostet uns eine Menge Energie.

Wie gehen Sie mit den drei Daseinsmerkmalen um? Buddhas Lehre, vor allem die Praxis des achtfachen Pfades, ist das Heilmittel dieser Illusion. Sie werden weniger egozentrisch sein und nicht länger an unbeständigen Dingen hängen. Indem Sie die drei Daseinsmerkmale selbst erforschen (die Existenz, die Wirksamkeit und die Folgen), werden Sie den Willen entwickeln, diese Dinge loszulassen. Sie werden einen Gleichmut entwickeln und sich nicht mehr von Abneigungen und Vorlieben mitziehen lassen und einfach gelassener sein.

DIE ZWÖLFGLIEDRIGE KETTE DES BEDINGTEN ENTSTEHENS

Bedingtes Entstehen oder auch Entstehen in Abhängigkeit wurde vom historischen Buddha entdeckt und gilt nun im Buddhismus als Gesetz. In diesem Gesetz wird durch zwölf Glieder erklärt, wie es zur leidvollen Kette der Wiedergeburt kommt und wie Sie diese aufheben können. Bei einer Kette mit Gliedern ist es immer so, dass das nachfolgende Glied immer abhängig von dem vorherigen ist. Hier die Kette in ihrer einfachsten Form:

1. Das Nichtwissen, Unwissen und die Ignoranz. Dies bezieht sich klar auf die Unwissenheit der vier edlen Wahrheiten und des kahlen Vorgangs der bestimmten Entstehung. Daraus entstehen dann ...

2. Die Bildung, Formationen, Tatabsichten, Gestaltungen und die Vorbereitungen. Man spricht auch von Pflege, Zubereitung oder Bearbeitung. Die Gestaltungen werden auch als karmische Formationskräfte bezeichnet. Diese Kräfte können heilsam, nicht heilsam oder weder-noch-

heilsam sein. Die Gestaltung ist das Glied vor dem ...

3. Bewusstsein, die richtige Erkenntnis, das Wissen. Anders ausgedrückt: Erkennen als Erkenntnis, sodass die Kräfte für erneute Lösungen sorgen. Danach ...

4. Die Geistigkeit und Körperlichkeit. Der Name, die Gestalt und die Form bilden zusammen, was das Körperliche und Geistige eines Neugeborenen ausmacht. Sie entstehen natürlich bedingt zusammen und bewirken ...

5. Die sechs Sinnes-Tore. Diese sechs Sinne kennt jeder Mensch: Mit den Augen sehen, mit den Ohren hören, mit der Nase riechen, mit der Zunge schmecken, mit dem Körper tasten und mit dem Geist denken. Dadurch entsteht ...

6. Der Kontakt, etwas berühren oder in etwas dringen. Die Sinnesorgane und Sinnesobjekte im Zusammenhang mit dem Geist und den Geistesobjekten lassen das sogenannte Objektbewusstsein entstehen. Verbindet man drei dieser Formkategorien, bezeichnet man es als Kontakt. Treffen zum Beispiel Auge, Form, Farbe und das Augen-Bewusstsein zusammen, nennt man das Augen-Kontakt. Durch so einen Kontakt entsteht ...

7. Die Empfindung und die Wahrnehmung. Wir empfinden Emotionen, Leid und Schmerz. Es gibt drei Arten von Empfindungen. Etwas ist angenehm, unangenehm oder weder-noch. Aus diesen Empfindungen bildet sich ...

8. Begehren und Verlangen. Der Durst und die Gier nach Identifikation, Sein und Werden. Aufgrund dieses Verlangens kommt es zum ...

9. Anhaften, Denken und Ergreifen. Das ausgeprägte Bewusstsein begehrt das ICH und MEIN und sämtliche Ideen, Gedanken und Vorstellungen dazu. Hier entsteht nun ...

10. Der Werde-Prozess, die gewohnheitsmäßige Neigung. Sie besitzen eine Art DA-SEIN, ein persönliches Archiv mit Ihren karmischen Handlungen, einschließlich deren Wirkungen und Ihrer persönlichen Eigenarten. Diese Reaktionen führen zur ...

11. Geburt. Die Geburt kann einerseits eine neue Existenz durch Wiedergeburt sein oder durch die Handlung körperlicher, verbaler oder gedanklicher Natur entstehen. Durch die Geburt kommen wir zum letzten Glied ...

12. Schmerzen, Leid, Klagen, Betrübnis, Verzweiflung, Alter und natürlich Tod.

Diese Kette erklärt Ihnen den Werde-Prozess des Menschen, ohne dass Sie auf einen Schöpfer oder ewiges Selbst zurückgreifen. Zusammen mit den vier edlen Wahrheiten bilden sie den Kern der buddhistischen Lehraussage. Das Ergebnis der meditativen Praxis ist das Erkennen dieses bedingten Zusammen-Entstehens. Sobald Sie die Weisheit erlangt haben, diese Kette zu durchbrechen, sind Sie in der Lage, Ihrem Leiden ein Ende zu bringen.

KARMA

Karma ist ein spirituelles Konzept. Es bedeutet, jede Handlung, ob physisch oder geistig, hat unweigerlich eine Folge. Diese Folge muss nicht sofort eintreten, sie kann genauso erst in einem zukünftigen Leben wirksam werden. Die Lehre des Karmas ist eng mit dem Glauben an den Kreislauf der Wiedergeburt gebunden und auch an das Ursache-Wirkung-Prinzip. Nicht nur im Buddhismus bedeutet Karma die Folge jener Tat, sondern auch im Hinduismus und im Jainismus. Handlungen und auch Gedanken jeder Hinsicht haben eine Rückwirkung auf einen selbst. Es gibt hier keinen

Gott oder Weltenrichter, der die Handlungen beurteilt. Nein, es ist keine göttliche Gnade oder Strafe, vielmehr entsteht Karma durch eine Gesetzmäßigkeit. Auch die Verknüpfung von Wiedergeburt und Karma ist in den verschiedenen Lehren unterschiedlich. Nicht in allen Lehren sieht man ein Ziel im Sammeln von Karma.

Im Buddhismus bezieht sich das Karma auf die Taten und Gedanken, die das Begehren und Anhaften an die Dinge in der Welt hervorgerufen hat. Diese Taten und Gedanken bewirken Karma und führen dazu, dass man sich weiter in der Welt verstrickt. Die buddhistische Praxis gibt vor, kein Karma mehr zu erzeugen und diesen ewigen Kreislauf zu unterbrechen und hinter sich zu lassen. Zuerst gilt es zu erkennen, was die Ursachen der Gier und unseres Dursts ist. Diese werden in drei Geistesgifte unterteilt. Zum einen Anhaften oder Gier, dann Zorn oder Hass und zum Schluss Unwissenheit und Verwirrung. Die Wege, diese Ursachen in ein positives Karma umzuwandeln, sind logischerweise Bescheidenheit, Güte und Einsicht. Entscheidend bei Ihrem Handeln ist die Absicht des Handelns, sodass Ihr Denken als Handlungsform der körperlichen Handlung vorausgeht. Der Eintritt der Wirkung des Karmas wird in drei Zeiten differenziert.

1. Reifendes Karma zu Lebzeiten
2. Reifendes Karma im nächsten Leben
3. Reifendes Karma im späteren Leben

Es können auch Handlungen oder Taten ohne Wirkung bleiben, falls sie von zu geringer Intensität sind oder wenn positive Absichten zu negativen Handlungen führen. So einen Fall nennt man wirkungsloses Karma. Die Auswirkungen von Karma sind in vier Unterschiede geteilt. Es gibt das Wiedergeburt-erzeugende Karma, das unterstützende Karma, das unterdrückende Karma und das zerstörende Karma. Je nachdem, ob eine Karma-Wirkung erzeugt wird, ob diese nur in Schach gehalten wird, ob sie vielleicht unterdrückend wirkt oder ob sie andere Karma-Wirkungen übertrifft.

Fest steht, je weniger Hintergedanken bei einer Handlung im Kopf sind, desto weniger Karma wird angesammelt. Doch auch ganz ohne Absicht erzeugtes Leid bleibt nicht ganz ohne karmische Folgen, da es dem Geistesgift Gleichgültigkeit oder Unwissenheit zugrunde liegen kann.

SAMSARA UND NIRWANA

Samsara bedeutet übersetzt: beständiges Wandern.

Es ist damit das Wandern im Geburtenkreislauf oder der Kreislauf von Werden und Vergehen gemeint. Samsara zu verlassen und nicht wiedergeboren zu werden, ist das Ziel eines jeden Buddhisten. Dies setzt man im Buddhismus gleich mit dem Ende des Leidens und dem Grundsatz des Nirwana. Wie Sie wissen, sind die drei Geistesgifte Gier, Hass und Unwissenheit die Ursache von Samsara und jedes fühlende Wesen bleibt bis zum Erlangen des Nirwana darin gefangen.

Es gibt im tibetischen Buddhismus ein Lebensrad, das die Bereiche der Wiedergeburt bildlich darstellt. Das Rad symbolisiert das beständige Wandern. Darin befinden sich sechs Bereiche und jedes Wesen kann in einem dieser Bereiche Wiedergeburt erfahren, ganz abhängig von seinem Karma. Es gibt keinen ewigen Aufenthalt, in keinem der Bereiche, doch die Götter und Höllenwesen können sehr lange Zeit in ihren Bereichen bleiben. Hier spielt das Karma eine Rolle. Dieses ist der Motor, um in den Bereichen zu wandern.

Sie werden in einem anderen Bereich wiedergeboren, sobald Ihr Karma erschöpft ist. Wiedergeboren zu werden, ist aber leider nicht das Ziel einer menschlichen Existenz, sondern aus dem Daseinskreislauf dem Buddha ins Nirwana zu folgen.

Die notwendige Erkenntnis, um Samsara zu verlassen, wird auch bildlich dargestellt. Es ist die Lehre vom bedingten Entstehen. Im Zentrum des Kreises von Samsara zeigen sich die drei Geistesgifte. Meist als Schwein, Hahn und Schlange. Diese drei halten das Samsara in Schwung. Wird schlechtes Karma durch Gleichmut, liebevolle Güte und Einsicht ersetzt, endet es und damit auch der Drang zur Wiedergeburt. Die Befreiung ist dann vollendet. Diese Befreiung, das Erwachen, das Ausbrechen aus Ihrem Kreislauf des Leidens nennt man Nirwana. Das Nirwana erreichen Sie nicht erst mit dem Tod, sondern es kann auch im Leben erreicht werden – mentale und spirituelle Entwicklung vorausgesetzt. Für einen Buddha ist das Nirwana das höchste Glück. Es entspricht aber nicht einem Glücksgefühl, sondern eher einem Zustand. Das Nirwana ist ein Glück, das unabhängig von allen Bedingungen, Gefühlen und Gestaltungen ist. Es bedeutet, frei von allen Wünschen, von der Unruhe des Geistes und Denkens zu sein. Es bedeutet einen spezifischen und ungewöhnlichen Geisteszustand.

Viele Buddhisten beschreiben das Gefühl auch als richtungslos, unterscheidungslos oder bildlos. Sie empfinden keine Trauer mehr, keine Wut und kein Leid, auch kein Glück, nur völlige Ruhe. Sie werden nicht weiter um angenehme Zustände kämpfen oder versuchen, unangenehme Situationen zu vermeiden, man akzeptiert einfach alles so, wie es ist. Sie nehmen so Ihren natürlichen Platz in der Welt ein.

Den Buddhismus erlernen

Das Erlernen des Buddhismus ist leider kein Ponyhof und die Ausübung erfordert sehr viel Geduld und Offenheit mit sich selbst. Sie müssen sich unvoreingenommen dem öffnen, was gerade und im Hier und Jetzt in Ihrem eigenen Bewusstsein passiert. Die Lehre des Buddhismus ist nur ein Wegweiser für Sie, denn jeder Einzelfall ist anders. Sie müssen Ihren Weg selbst überprüfen und fahren nur dann fort, wenn Sie den Aussagen der Lehre folgen können. Ein gesundes, skeptisches Grundvertrauen und sehr viel Geduld werden Sie dafür brauchen.

Als Einsteiger erforschen Sie zuerst die Lehre und Praxis des Buddhismus und Sie entscheiden dann, ob und mit wie viel Einsatz Sie fortfahren. Die Traditionslinien sind durch viele zusätzliche Texte und Rituale sehr unterschiedlich, aber die Grundlagen wie der achtfache Pfad und die vier edlen Wahrheiten bleiben immer gleich. Es gibt auch viele Kurse für Meditationen, die Sie belegen können. Ich werde Ihnen aber die bekanntesten Übungen zum Entspannen vorstellen.

Die Lehre in den Alltag integrieren

Es gibt mehrere Übungen, die Sie in den Alltag einbauen können. Diese lassen sich auch sofort in die Praxis umsetzen und die meisten davon dauern nicht länger als fünf Minuten. Ziel dieser Übungen ist es, dass Sie im Hier und Jetzt leben und bemerken, welche Verhaltensmuster sie unglücklich oder glücklich machen.

Die erste Übung nennt man Dankbarkeitsübung. Wie Sie sich denken können, wirkt die Sprache sehr heilsam in uns und unserem Umfeld. Wenn Sie nur noch über schlechte, negative Dinge sprechen, nehmen Sie auch nur noch die Missstände wahr und Ihre unangenehmen Gefühle werden immer mehr. Sprechen Sie bewusst das Gegenteil aus, also die schönen Dinge des Lebens, und achten Sie dabei auf Ihre Gefühlslage. Gewöhnen Sie sich an, nur noch die positiven Aspekte Ihres Lebens zu erzählen, nicht die negativen. Gern dürfen Sie es auch schriftlich probieren, Sie werden schnell positive Effekte merken.

Die nächste Übung hat mit Ihrer Ausstrahlung zu tun, Ihrem Lächeln. Wie fühlen Sie sich, wenn Sie einkaufen gehen und die Verkäuferinnen Sie alle freundlich anlächeln und Ihnen einen schönen Tag wünschen? Gut, oder? Machen Sie dasselbe! Zeigen Sie Ihr Mitgefühl und Ihre Freundlichkeit und es beschert Ihnen positive Geisteszustände. Sie sind besser gelaunt, also zeigen Sie Ihr Lächeln.

Die dritte Übung handelt von Ihren Sorgen. Sie können vielleicht nicht mehr schlafen, Sie zerbrechen sich immerzu den Kopf wegen irgendwelcher Dinge und Sie machen sich Sorgen. Der Dalai Lama sagte einmal: Wenn ein Problem zu lösen ist, muss man sich keine Sorgen machen, und wenn es nicht zu lösen ist, sind die Sorgen doch völlig sinnlos. Er hatte recht, also beherzigen Sie diese Aussage und folgen Sie ihr.

Der Ärger ist im Buddhismus die negativste Kraft, die es gibt. Sie kann alles zerstören. Üben Sie Ihre Gelassenheit und kontrollieren Sie Ihre negativen Gefühle. Lassen Sie auch nicht zu, dass das Verhalten anderer Ihre innere Ruhe zerstört.

Die nächste Übung besteht darin, das Gegenteil von dem zu tun, wonach Ihnen gerade ist. Das Gegenteil ist nämlich die Lösung. Stellen Sie sich vor, Sie kommen nach einem anstrengenden Arbeitstag nach Hause und zu Hause finden Sie das größte Chaos vor. Das Kind hat eine Katastrophe veranstaltet und der Mann sitzt beim Fernsehen und hat nichts aufgeräumt. Sie ärgern sich und Sie fühlen sich danach noch viel schlechter. Das gegenteilige Verhalten verursacht im Buddhismus das gegenteilige Ergebnis. Atmen Sie tief ein und aus, gehen Sie kurz hinaus oder zählen Sie bis 10. Probieren Sie es aus!

Geduld ist ein Zeichen der Stärke im Buddhismus, Sie werden stärker und daran wachsen. Jede Situation, die wir meistern, wird uns in der Zukunft nicht mehr passieren. Und wenn doch, dann wissen wir, wie wir sie meistern, sagte der Dalai

Lama. Denken Sie mal über eine Sache oder eine Situation nach und überlegen Sie, ob Ihnen diese Situation oder diese Sache in zehn Jahren noch wichtig sein wird. Im Grunde ist die Antwort NEIN. Machen Sie sich bitte klar, dass wir sterblich sind und die Dinge vergänglich und somit eigentlich unwichtig für unsere wertvolle Zeit.

Nun kommen wir zur Arbeitsübung „Deep Work". Legen Sie nun für einen selbst gewählten Zeitraum alle störenden Dinge weg, damit Sie ohne irgendeine Ablenkung arbeiten können. Sie legen zum Beispiel Ihr Handy weg, Sie schalten Fernseher und Radio aus oder räumen alles aus dem Zimmer, was Sie stört. Wenn diese Zeit um ist, können Sie sich wieder den anderen Dingen widmen. Ich weiß, Sie haben sehr viel mehr geschafft als zuvor. Aber denken Sie immer daran, ein realistisches Ziel vor Augen zu haben, und wenn es doch einmal nicht so klappt, wie Sie sich Ihr Ziel gesetzt haben, bleiben Sie einfach gelassen.

Somit wären wir bei der Zeitinsel. Die Zeitinsel ist sehr wichtig! Es ist im Alltag zwar nicht immer leicht, eine zu finden, aber Sie brauchen eine bestimmte Zeit für sich selbst und die werden Sie auch irgendwo einbauen können – und wenn es nur eine halbe Stunde am Tag ist. Machen Sie vielleicht Yoga oder meditieren Sie. Gehen Sie in Ihr Lieblingscafé und lesen Sie ein Buch. Oder Sie machen einen kleinen Spaziergang an der frischen Luft. Dieser Zeitraum ist sehr bedeutsam für Sie und ganz wichtig: Genießen Sie diese Zeit in vollen Zügen.

„Nein" zu sagen, ist unsere nächste Aufgabe. Die Buddhisten sind sehr nette und freundliche Menschen, aber Sie haben gelernt, nein zu sagen. Sie wissen einfach, ob sie einer Sache oder Aufgabe gewachsen sind. Und das werden Sie jetzt auch lernen. Wenn Sie genau wissen, dass Sie diese Aufgabe nicht schaffen, dann sagen Sie mit einem freundlichen Lächeln nein. Sie werden sehen, es ist allemal besser, gleich nein zu sagen, bevor Sie ja sagen und Ihnen die Aufgabe doch nicht gelingt. Sie werden sich darüber ärgern und erfahren wieder Leid.

Bei Ihren Problemen können Sie sich nur selbst helfen. Sie dürfen auf keine Hilfe warten oder hoffen. Aber Sie können um Hilfe bitten. Seien Sie mutig und bitten Sie auch mal Ihren Mann oder Ihre Arbeitskollegen um Hilfe. Sei es im Büro, im Haushalt oder bei den Kindern. Bei der letzten Übung sollen Sie lernen, loszulassen. Ist es Ihnen von allem zu viel? Misten Sie aus! Damit ist aber nicht nur der Kleiderschrank gemeint. Es ist vielleicht Zeit, sich nicht nur von den alten Klamotten zu trennen, sondern vielleicht auch von einer Arbeitskollegin, die Sie immer wieder einlädt, was Sie aber gar nicht möchten, weil sie vielleicht immer über andere herfällt oder zu viel redet.

Sie wissen, was jetzt kommt: Sagen Sie NEIN!

Einfache Übungen für Einsteiger

Nun werde ich Ihnen ein paar wenige Übungen aufzeigen, mit denen Sie in den Buddhismus einsteigen können. Ich werde Ihnen die sechs bekanntesten Entspannungsübungen erklären und die fünf Übungen der Achtsamkeit. Natürlich gibt es tausende Arten von Meditationen und Übungen, aber als Anfänger werden diese erst einmal reichen. Sie können gern zu einem späteren Zeitpunkt mit anderen Meditationen fortfahren und auch die unterschiedlichen Traditionslinien ausprobieren.

DIE FÜNF ÜBUNGEN
DER ACHTSAMKEIT

Die fünf Übungen der Achtsamkeit sind der Ausdruck der Lehren Buddhas und werden in beinahe jeder buddhistischen Schule gelehrt. Es gibt verschiedene Versionen mit unterschiedlicher Betonung. Die buddhistischen Visionen werden darin verkörpert. Wenn Sie diese Übungen praktizieren, sind Sie auf dem richtigen Weg, Ihre Sichtweise zu entwickeln. Sie sind auf dem Pfad des Bodhisattva, wenn Sie in voller Übereinstimmung mit diesen fünf Achtsamkeitsübungen leben.

1. Achtsamkeitsübung

Die Ehrfurcht vor dem Leben: Ich bin fest entschlossen, Einsicht und Mitgefühl in meiner Abhängigkeit zu entwickeln. Ich erlerne Wege, um Pflanzen und das Leben eines jeden Wesens auf der Erde zu schützen. Ich bin entschlossen, nicht zu töten und keine Form des Tötens zu unterstützen oder zuzulassen. Nicht in meinen Gedanken, nicht in der Welt und auch nicht in meiner Lebensweise. Ich werde mich im Wissen, dass schlechte Handlungen dem diskriminierenden

Denken abstammen, im Nicht-Festhalten an Ansichten und Unvoreingenommenheit üben, um Dogmatismus, Fanatismus und Gewalt in der Welt und in mir umzuformen. Und das alles im Bewusstsein des Leidens, das durch Leben entsteht.

2. Achtsamkeitsübung

Das wahre Glück: Ich bin fest entschlossen, in mein Reden, Denken und Handeln Großzügigkeit zu legen. Ich werde nichts stehlen, was anderen gehört oder zusteht. Ich werde meine Energie, materielle Mittel und Zeit mit denen teilen, die sie benötigen. Ich werde bemerken, dass das Glück und Leid anderer nicht getrennt sind von meinem Glück und Leid. Ich werde nur mit Mitgefühl und Verstehen das wahre Glück erfahren und erkennen, dass viel Verzweiflung und Leid die Folge haben, nur den schlechten Dingen zu folgen. Ich weiß, dass Glücklichsein von meiner inneren Einstellung kommt und nicht von äußeren Umständen. Ich kann gegenwärtig glücklich leben, wenn ich mir bewusst werde, dass ich alles habe, um glücklich zu sein. Ich werde den rechten Lebenserwerb anstreben, um das Leid der Lebewesen zu

verringern und die globale Erwärmung umzukeh-
ren. Und das alles im Bewusstsein des Leidens,
dass durch Diebstahl, Unterdrückung und Unge-
rechtigkeit entsteht.

3. Achtsamkeitsübung

Die wahre Liebe: Ich bin fest entschlossen, mit
Verantwortung Wege zu erlernen, von Familien,
Paaren, Individuen und der Gesellschaft die Sicherheit und Integrität zu schützen. Ich bin entschlossen, ohne wahre Liebe keine sexuelle Beziehung oder eine tiefe Bindung einzugehen. Ich
werde verhindern, dass Kinder sexuell miss-
braucht werden oder Familien durch sexuelles
Fehlverhalten zerbrechen. Ich bin entschlossen,
mit dem Wissen, dass Geist und Körper eine Ein-
heit sind, entsprechende Wege zu finden, mit meiner sexuellen Energie umzugehen. Ich werde die
vier Elemente der wahren Liebe entwickeln. Diese
sind Mitgefühl, Freude, liebevolle Güte und Unvoreingenommenheit. So können mein eigenes
Glück und das Glück anderer Wesen wachsen. So
werden wir uns auf schöne Weise in die Zukunft

fortsetzen. Und das alles im Bewusstsein des Leidens, dass durch sexuelles Fehlverhalten entsteht.

4. Achtsamkeitsübung

Das liebevolle Sprechen und tiefe Zuhören: Ich bin fest entschlossen zu üben, mitfühlend zuzuhören und liebevoll zu sprechen, um zwischen anderen Menschen und in mir selbst Leid zu lindern und Frieden und Versöhnung zu fördern. Ich bin entschlossen, Worte zu sprechen, die Freude, Hoffnung und Vertrauen auslösen. Ich werde diese wahrhaftig sprechen, da ich weiß, dass Worte Leid und Glück erzeugen können. Ich bin entschlossen, nicht zu sprechen, wenn Ärger in mir ist. Um meinen Ärger zu erkennen, werde ich achtsam atmen und gehen, damit ich in meinem falschen Verständnis und meinen falschen Wahrnehmungen meines eigenen Leides und das der anderen tief in die Wurzeln meines Ärgers sehen kann. Um mir und anderen zu helfen, das Leid oder eine schwierige Situation zu verändern, werde ich in einer angemessenen Weise sprechen und zuhören.

Ich bin entschlossen, nichts zu verbreiten, das nicht der Wahrheit entspricht oder Trennung und

Uneinigkeit verursachen kann. Ich werde rechtes Bemühen ausüben, um Ärger, Angst und Gewalt in meinem Bewusstsein in eine Fähigkeit zu wandeln, um Freude, Unvoreingenommenheit, Liebe und Verstehen aufzubauen. Und das alles im Bewusstsein des Leidens, das aus der Unfähigkeit, anderen zuzuhören, und unachtsamer Rede entsteht.

5. Achtsamkeitsübung

Die Nahrung und Heilung: Ich bin fest entschlossen, achtsam zu essen, zu trinken und zu konsumieren und auf geistige und körperliche Gesundheit bei mir, meiner Familie und meiner Gesellschaft zu achten. Ich werde üben, meinen Umgang und meinen Konsum mit den vier Arten von Nahrung zu erkennen. Diese sind Essbares, Willenskräfte, Sinneseindrücke und Bewusstsein. Ich werde weder Alkohol trinken noch Drogen oder andere Dinge mit Gift benutzen. Dazu zählen auch Glücksspiele, Filme, Zeitschriften, Bücher, elektronische Spiele oder bestimmte Internetseiten. Ich werde im gegenwärtigen Augenblick leben, um mit meinen heilenden, nährenden Elementen zu sein. Ich werde mich nicht in die Vergangenheit ziehen lassen, weder von Kummer noch von Bedauern. Ich werde mich nicht von Angst, Begierden und Sorgen von meinem gegenwärtigen Augenblick abbringen lassen. Ich werde mich nicht im Konsum verankern, um Angst, Einsamkeit oder anderes Leid zu verstecken. Um Freude, Wohlergehen und Frieden in meinem Körper und Bewusstsein zu bewahren, werde ich meine Abhängigkeit tief betrachten und auf eine angemessene Weise konsumieren. Und das alles im Bewusstsein des Leidens, dass durch unachtsamen Umgang mit Konsumgütern entsteht.

Die 6 bekanntesten Entspannungs-übungen

Der allgegenwärtige Stress in unserem Leben macht bekanntlich krank und er wird leider oft unterschätzt. Viele stehen andauernd unter Druck und suchen sich vielleicht einen Ausgleich im Sport oder sogar in der Partnerschaft. Die Meditation spielt im Buddhismus eine große Rolle und sie wird Ihnen helfen zur Ruhe zu kommen und vor allem mit Ihren negativen Gefühlen besser umgehen zu können. Ein Meditierender durchläuft in der Regel vier Phasen. Diese sind: fokussieren, abdriften, abdriften erkennen und fokussieren. Es gibt tausende Arten von Meditationen und ich werde Ihnen jetzt die bekanntesten 6 daraus vorstellen. Legen Sie sich gern Meditationsmusik zu, die es Ihnen vielleicht etwas erleichtert, zur Ruhe zu kommen.

DIE DYNAMISCHE MEDITATION VON OSHO

Diese Meditation kam von einem spirituellen Lehrer mit dem Namen Osho. Er entwickelte aktive Formen der Meditation. Diese sind für Menschen gedacht, die nicht so leicht oder so schnell entspannen können und in die Ruhe kommen. Hier wird zuerst eine Art Reinigungsprozess durchgeführt. Sie beginnen sehr dynamisch und danach kommt man erst in die Phase der Stille. Gerade für Einsteiger ist diese Art der Meditation besonders gut geeignet. Später, mit etwas mehr Erfahrung, werden Sie selbst merken, wann Sie eine klassische und wann Sie eine dynamische Meditation brauchen. Diese Meditation dauert etwa eine

Stunde und sollte frühmorgens durchgeführt werden. Auch in einer Gruppe kann sie ausgeführt werden.

Hier die Anleitung:

Die Augen sollten die ganze Zeit über geschlossen sein. In den ersten 10 Minuten sollten Sie ganz schnell und heftig durch die Nase atmen und dabei Ihren Fokus auf die Ausatmung legen. In den nächsten 10 Minuten dürfen Sie explodieren. Sie dürfen alles tun, was die chaotische Atmung ausgelöst hat: wild tanzen, lachen, singen, schütteln, toben, weinen oder schreien. Es sind Ihnen keine Grenzen gesetzt. Im dritten Teil springen Sie 10 Minuten lang mit erhobenen Armen immer wieder auf und ab und Sie wiederholen bis zur Erschöpfung das Mantra „HUH". Nach diesen 10 Minuten bleiben Sie genau in der letzten Position stehen, in der Sie sich befinden. Verharren Sie darin 15 Minuten und beobachten Sie, was geschieht. In der letzten Phase dürfen Sie 15 Minuten lang tanzen und feiern. Ihre jetzigen Bewegungen drücken aus, was aus Ihrer Tiefe auftaucht. Für diese Meditation gibt es eine speziell entwickelte Musik.

METTA-BUDDHISTISCHE MEDITA-TION FÜR LIEBENDE GÜTE

Metta ist der Zustand völlig bedingungsloser Liebe und Güte. Also jedem Lebewesen und jeder Pflanze mit Güte zu begegnen, egal, was es tut oder sagt. Es ist das Bedürfnis, zu wissen, dass es allen Wesen gutgeht. Mit der Metta-Meditation lernen Sie mehr und mehr das Gefühl von liebender Güte und von Wohlwollen, so werden Sie auch in Ihrem Alltag mehr Herz zeigen. Und nicht nur anderen gegenüber, sondern auch sich selbst.

Hier die Anleitung:
Finden Sie zunächst einen ruhigen Ort und einen bequemen Sitzplatz. Schließen Sie nun Ihre Augen und kommen Sie zur Ruhe mit dem Fokus auf Ihrer Atmung. Wenn Sie im Hier und Jetzt angekommen sind, können Sie starten.

Nun sagen Sie sich folgende Sätze im Kopf:
• „Möge ich glücklich sein."
• „Möge ich gesund und frei von Leid sein."
• „Möge ich frei von Hass und Gier sein."

- „Möge ich voller Gelassenheit, Ruhe und Frieden sein.“

Sagen Sie sich diese Sätze so oft, dass sie in Ihrem Inneren verankert sind und Sie die liebende Güte für sich selbst fühlen können. Nun suchen Sie sich eine Person aus, die Sie sehr gernhaben, und sprechen Sie wieder in Gedanken diese Sätze:

- „Du sollst glücklich sein.“
- „Du sollst gesund und frei von Leid sein.“
- „Du sollst frei von Hass und Gier sein.“
- „Du sollst voller Gelassenheit, Ruhe und Frieden sein.“

Sie sollen sich dabei diese Person gut vorstellen und ihr diese Sachen auch eindringlich wünschen. Nun folgt die gleiche Prozedur mit einer Person, zu der Sie eine unbefangene Beziehung haben. Und zum Schluss der wichtigste und schwierigste Teil: Machen Sie das Gleiche mit einer Person, die Sie nicht mögen oder zu der ein schwieriges Verhältnis besteht. Sprechen Sie die Sätze in Ihrem Kopf aus tiefstem Herzen an diese Person. Schließen Sie dann die Meditation in voller Ruhe ab, atmen Sie einige Male tief durch und öffnen Sie langsam Ihre Augen.

DIE TRANSZENDENTALE MEDITATION VON MAHARISHI MAHESH YOGI

Transzendentale Meditation ist der Name einer geistigen Erneuerungsbewegung, die 1957 von einem Inder gegründet wurde. Dieser Name steht für eine leicht abgewandelte Form des traditionellen Yoga, die Maharishi erfunden hat. Diese Technik der Meditation bringt Ihren Geist in feinere Ebenen des Denkens. Die Meditation selbst bedarf keiner Anstrengung, keiner Mühe und keiner Konzentration. Doch Sie können diese nicht einfach ablesen oder als Video schauen. Sie brauchen einen TM-Trainer, da Sie diese Mühelosigkeit und Leichtigkeit nur von einem qualifizierten Lehrer oder Lehrerin lernen können. Sie werden aber schon bei der ersten Meditation die tiefe Ruhe im Körper und Geist spüren. Dieser Effekt ist sogar über Sauerstoffverbrauch, Hautwiderstand oder andere Parameter messbar. Sie kommen in eine Ebene des Denkens, in der keine Gedanken mehr

sind. Dies nennt man transzendieren, im transzen-
dentalen Bewusstsein ankommen. Der Körper
kommt durch diese tiefe Ruhe in einen Tiefschlaf-
ähnlichen Zustand und tief verwurzelter Stress
und Verspannungen werden gelöst. Sie erlernen
TM von einem zertifizierten Lehrer innerhalb ei-
niger Tage, die Preise dafür sind sehr unterschiedlich.

ZAZEN-MEDITIEREN IM
ZEN-BUDDHISMUS

Zazen-Meditation ist die Sitzmeditation. Sie wird
im Lotossitz, im halben Lotossitz, im Burmesi-
schen Sitz oder im Fersensitz ausgeführt. Als Hil-
festellung dürfen Sie einen Sitzschemel, ein Sitz-
kissen oder eine Meditationsbank verwenden. Es
ist nur wichtig, dass Ihre Knie Bodenkontakt haben. Es sollte ein harmonisches Verhältnis von
Spannung und Entspannung hergestellt werden,
Sie sollten also in stabiler und aufrechter Haltung
sitzen. Die Hände verschränken Sie unterhalb des
Nabels und die Daumenspitzen darüber berühren
sich. Sie setzen sich mit dem Rücken zur Wand,
Sie haben Ihre Augen offen oder halb offen, Sie

nehmen aber von jeglichem aktiven Schauen Abstand.

Die Übung sollte in voller Achtsamkeit durchgeführt werden und wird am Anfang vielleicht eine psychische und physische Belastung für Sie sein, da Sie in dieser Zeit nur bewegungslos auf einer Stelle sitzen. Durch die Selbstbeobachtung Ihrer Atmung, Ihrer Haltung und Ihrer Denkvorgänge verbinden Sie sich mit dem Hier und Jetzt und Ihre Gedanken werden zur Ruhe kommen. Diese Meditation besteht allgemein aus zwei Teilen von 30 bis 50 Minuten, die von einem 10-minütigen Kinhin unterbrochen werden. Kinhin ist die Meditation, während Sie gehen. Sie gehen bewusst in Achtsamkeit im Kreis, während Sie beim Aus- und Einatmen je einen Schritt gehen. Die Geschwindigkeit kann variieren. Sie müssen nicht sofort mit zweimal 50 Minuten anfangen. Probieren Sie es für 10 Minuten aus und steigern Sie sich. Sie werden sehen, es werden jedes Mal ein paar Minuten mehr.

Am Anfang kann es Ihnen auch passieren, dass Ihre Gedanken abschweifen und Ihnen vielleicht gerade einfällt, was Sie noch vergessen haben. Bleiben Sie trotzdem ruhig und unterbrechen

Sie den bewegungslosen Zustand nicht. Es erfordert ein großes Maß an Disziplin, aber Sie werden das schaffen. Die Zazen-Meditation ist auf den jetzigen Augenblick ausgerichtet, also auf die Achtsamkeit. Sie müssen sich von dem Wunsch lösen, alles analysieren zu wollen, die Objektivität ist die Gegenwart. Es dürfen Gedanken aufkommen, aber nehmen Sie diese nur kurz wahr und lassen Sie sie einfach weiterziehen. Die folgenden körperlichen Schmerzen durch die aufrechte Haltung der Meditation sollen Sie nicht verdrängen, aber auch nicht sehr beachten.

MEDITATION IM KUNDALINI

Die Kundalini-Meditation wird auch Schüttelmeditation genannt und ist wieder eine der aktiven Meditationen. Die körperliche Aktivität steht im Vordergrund und baut körperliche und emotionale Spannungen ab. Nach der Phase der Bewegungen kommt eine Phase der Ruhe und Stille. Insgesamt besteht diese Meditation aus vier Teilen mit je 15 Minuten. Erst schütteln, dann tanzen, dann Meditation und zum Schluss Stille.

Hier die Anleitung:

Am besten ist, Sie halten Ihre Augen die ganze Zeit geschlossen, um die Wirkung der vier Phasen besser zu spüren. In Phase vier sollen sie auf alle Fälle geschlossen sein. In der ersten Phase der Bewegung schütteln Sie Ihren ganzen Körper im Stehen zu der typischen Osho-Meditationsmusik. Das Schütteln zu Beginn kommt Ihnen vielleicht etwas komisch vor, dient aber dazu, die Energie im Körper zu wecken und fließen zu lassen. Es lockert den Körper, hilft, Spannungen abzubauen, und regt die Herzfrequenz an.

In der zweiten Phase tanzen Sie. Ohne Anleitung, ganz spontan. Drücken Sie Ihre ganze Stimmung durch den Tanz aus.

Der dritte Teil erfolgt im Sitzen. Nehmen Sie einen Meditationssitz ein und schalten Sie die Musik aus oder sehr leise. Jetzt beginnt die Ruhephase. Blutdruck und Herzfrequenz kommen langsam wieder herunter, Sie hören in sich hinein und Sie nehmen die Ruhe an. In der letzten Phase legen Sie sich ganz entspannt auf den Rücken und lassen mit geschlossenen Augen Ihren ganzen Körper fallen. Die Musik sollte spätestens jetzt aus sein, damit Sie sich komplett auf die Entspannung und die körperliche Ruhe konzentrieren können.

Diese Meditation wird vorzugsweise am späten Nachmittag oder Abend durchgeführt, da wir zu dieser Tageszeit die meiste Energie brauchen. Auch den Stress des Tages werden Sie dadurch schneller vergessen.

MANTRA-MEDITATION

Bei der Mantra-Meditation sind wir nun bei der gängigsten Technik angelangt, um zu entspannen. Sie können durch das Mantra Ihr Selbstvertrauen stärken und bestimmte Chakren aktivieren. Es hilft, negative Emotionen und Gedanken abzuwenden, denn durch die dauernde Wiederholung Ihres Mantras werden Sie den Inhalt übernehmen. Es ist dabei egal, ob Sie es flüstern, singen, laut sagen oder es sich in Ihren Gedanken aufsagen. Sie dürfen sich gern selbst ein Mantra wählen oder Sie versuchen es zuerst einmal mit dem berühmten Om-Mantra. Dieses wird Sie zur spirituellen Erkenntnis führen, denn es ist die reinste Form der Energie.

Auch das Soham-Mantra wird sehr oft benutzt, es bedeutet: Ich bin!

Es wirkt beruhigend und Sie verinnerlichen dabei, dass Sie vollkommen sind, so wie Sie sind. Wenn Sie eine Mantra-Meditation ausführen, werden durch die laufenden Wiederholungen im immer gleichen Rhythmus Klangschwingungen entstehen und diese wirken auf das komplette Energiefeld im Raum, in dem Sie sich befinden. Die Vibrationen durchdringen Ihren Körper bis in Ihre Seele und entwickeln sich dort zur Lebensenergie. Sie spenden Kraft, beruhigen den Geist und bringen Sie dadurch in den meditativen Zustand.

Hier die Anleitung:
Suchen Sie sich ein passendes Mantra aus, das vielleicht gerade Ihren Emotionen oder Gefühlen entspricht. Wenn Sie zum Beispiel unglücklich sind, nehmen Sie das Mantra „Ich bin glücklich". Es ist wichtig, dass Sie in der Gegenwart bleiben, denn die Kraft Ihrer Gedanken wird Sie in diesen Zustand versetzen. Wählen Sie einen ruhigen Ort, an dem Sie auch ungestört bleiben, und nehmen Sie eine bequeme Sitzhaltung ein.
Beginnen Sie mit der Beobachtung Ihrer Atmung. Nicht kontrollieren, nur frei fließen lassen. Nun

können Sie mit Ihrem Mantra anfangen. Diese Meditation hat keine bestimmte Zeit vorgegeben, führen Sie sie so lange durch, wie Sie wollen, oder solange es für Sie angenehm ist. Am Ende atmen Sie noch ein paar Mal tief durch und sagen Ihr Mantra noch ein einziges Mal.

Die Ernährung der Buddhisten

Wie es nun mal so ist, haben unterschiedliche Religionen auch unterschiedliche Ernährungs- und Essgewohnheiten. Fast jede Religion empfiehlt eine spezielle Ernährung. Im Buddhismus ist es aber nicht ganz so eindeutig wie im Islam oder Judentum. Im Allgemeinen leben Buddhisten vegetarisch oder vegan, da es wegen des Karmas verboten ist, ein Tier zu töten. Es gibt aber kein generelles Verbot, Fleisch zu essen.

Alkohol, Zwiebelgewächs und Gelatine werden von den meisten Buddhisten vermieden. Im Hinduismus oft sogar der Honig oder Pilze. Es wird bei den Buddhisten auch kein Essen verschwendet, da die Mönche ihr Essen und Trinken erbetteln müssen. Sie dürfen auch die Speisen, die ihnen angeboten werden, nicht ablehnen. Für Mönche und Nonnen ist Essen keinesfalls ein Vergnügen, sondern nur ein Mittel zum Zweck. Sie essen nur, um zu leben und gesund zu bleiben. Zum Frühstück gibt es meist nur eine Suppe und zum Abendessen nehmen Mönche und Nonnen nichts zu sich. Sie müssen sich ihren Meditationen widmen und da stört ein voller Bauch. Bevor sie zu essen beginnen, beten sie auch und bedanken sich für die Speisen. Es gibt auch kein „Meins", es wird alles geteilt. Auch die erbettelten Speisen werden noch mit dem Spender geteilt.

Schlusswort

Nun sind wir am Schluss des Buches angekommen und ich hoffe, es hat Ihnen gefallen und Sie konnten sich etwas in den Buddhismus einfühlen. Probieren Sie eins nach dem anderen aus. Sie sind Einsteiger und da ist es noch etwas schwierig, in die Welt des Buddhismus einzusteigen. Wenn Sie die Lehre des Buddhismus innerlich verankert haben, werden Sie sehen, es wird alles leichter. Fangen Sie auch bei den Meditationen langsam an. Lieber mit vollem Einsatz und sehr intensiv. Sie wissen ja, der Weg ist das Ziel!

Ich wünsche Ihnen viel Erfolg auf Ihrem Weg.

Herstellung und Verlag:

BoD – Books on Demand, Norderstedt

ISBN: 9783756208692

© Björn Wendland 2022

1. Auflage

Kontakt: Psiana eCom UG/ Berumer Str. 44/ 26844 Jemgum

Covergestaltung: Fenna Larsson

Coverfoto: depositphotos.com